EL MEJOR NEGOCIO
DEL MUNDO

PABLO ANTONIO LEÓN

SORPRESA

¿Normalmente que encontramos en la primera página de un Libro?

En algunos casos la Introducción, en otros el Prólogo, los Agradecimientos, pero a mí siempre me gusta Innovar, hacer las cosas de forma distinta a lo tradicional y principalmente sorprender aportando valor.

Por esa razón le quiero regalar un beneficio adicional por haber seleccionado mi Libro.

Como el tema central es poder ayudarle a Crear un Negocio haciendo lo que más disfruta en la vida, decidí **Entrevistar a Empresarios Exitosos** que han consolidado su negocio haciendo lo que más disfrutan, desarrollando al máximo sus habilidades y compartiendo su talento con el mundo.

Estoy seguro que le serán de gran inspiración, puede acceder a ellas en este enlace:

www.pabloantonioleon.com/entrevistas

Nota Importante: Este Regalo Especial lo coloco al principio para que comencemos de la mejor manera, pero le recomiendo acceder después de leer el Libro Completo para que lo pueda comprender.

ÍNDICE

INTRODUCCIÓN

Lo que me motivó a escribir este libro es que he podido detectar a lo largo de los años que lamentablemente muchas personas no disfrutan su trabajo, el manejo de su negocio o las actividades que realizan semana a semana.

Es algo muy triste si tomamos en cuenta que un adulto en edad productiva dedica la mayor parte del tiempo a su Trabajo o su Negocio.

Por esa razón deseo ayudarle para que usted pueda crear un Negocio que se desarrolle en base a sus habilidades y a lo que usted disfruta hacer, voy a mostrarle en este libro como puede crear **el Mejor Negocio del Mundo.**

Cuando aplico encuestas en mis Conferencias, más del 80 por ciento de las personas manifiestan que quisieran dedicarse a algo diferente para obtener su sustento y la pregunta que me surge automáticamente es:

¿Por qué no lo hacen?

Las respuestas que recibo en la mayoría de los casos son tres:

» No quieren dejar su "ingreso seguro", que aunque no sea el que ellos aspiran, pase lo que pase consideran que mes a mes estará allí.

» No saben por dónde empezar, saben que quisieran tener su empresa, conocen cuáles son sus habilidades, pero no que negocio pueden crear con ellas, no cuentan con una guía para hacerlo.

» Todavía no es el momento, les hace falta tiempo o dinero para comenzar.

Conociendo entonces que el deseo de la mayoría de personas es Crear un Negocio Propio haciendo lo que les apasiona, **le explicaré cómo Descubrir su**

Poder, su Talento Especial y Crear un Negocio en base a ello.

También las 5 Claves con las que he podido crear distintos negocios con éxito y que actualmente me permiten disfrutar la Calidad de Vida que siempre soñé.

Teniendo claro este panorama y deseando que todas las experiencias que compartiré a lo largo del libro sean de gran ayuda para que usted pueda dedicar la mayor parte del tiempo a lo que realmente disfruta y vivir de ello creando un **Negocio Rentable** vamos a comenzar.

EL TRIÁNGULO DE PODER

Primero es muy importante entender que el Negocio al cual nos vamos a dedicar debe relacionarse de forma estrecha con aquello que nos gusta hacer, no se trata de crearlo sólo porque provee dinero.

Cuando vamos sólo en busca del dinero suceden dos cosas:

» Como no es lo que nos gusta hacer, fácilmente podemos perder la motivación en los momentos difíciles porque lo único que nos estaría moviendo es el dinero, no una pasión.

» No tenemos la disposición natural de pasar días o meses enteros preparándonos y aprendiendo para ser los mejores en el tema, porque simplemente no es nuestra pasión verdadera.

Para que podamos encontrar felicidad en el Negocio al cual nos vamos a dedicar debemos descubrir nuestro **Triángulo de Poder**, que se forma con 3 Círculos.

> Círculo 1: ¿Me gusta hacerlo?
> Círculo 2: ¿Lo hago bien?
> Círculo 3: ¿Tiene Valor en el Mercado?

Circulo 1: ¿Me gusta hacerlo?

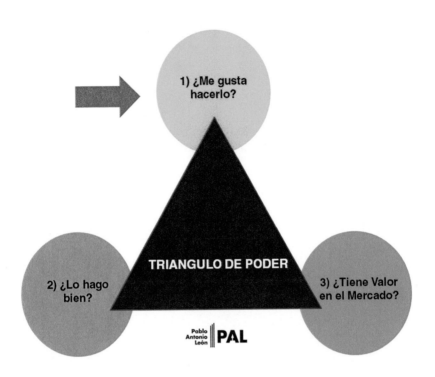

Todos tenemos gustos, actividades con las que nos sentimos plenos, contentos, con las cuales nos divertimos.

Lo interesante es que son diferentes en cada uno de nosotros, todo lo que me gusta hacer a mí, es probable que a usted no le guste, podemos coincidir en algunos puntos pero no en todos, eso es lo que hace que sea tan particular, tan propio de cada ser humano.

Si dedicamos la mayor parte del tiempo de nuestro día a realizar aquello que disfrutamos lógicamente vamos a ser mucho más felices. El detalle es que la mayoría de las personas sólo hacen aquello que disfrutan si tienen algún tiempo libre en la semana, por lo tanto sólo pueden disponer de unas pocas horas al mes para hacer eso que las divierte porque la mayor parte del tiempo tienen que cumplir **con sus deberes**.

Vamos a realizar el primer ejercicio práctico:

Vamos a crear una lista y anotaremos todo lo que nos gusta hacer.

Le coloco un ejemplo para que le sirva de guía

¿Qué me gusta hacer?
Aprender todo lo relacionado con el Marketing
Aprender todo lo relacionado con las Ventas
Hablar de Negocios y Emprendimientos
Dar conferencias y compartir mi conocimiento
Escuchar música
Escuchar audios de Crecimiento Personal
El Beisbol, disfruto mucho este deporte
Ver partidos de Futbol
Ver partidos de Baloncesto
Coleccionar Biografías
Ver Peliculas de Suspenso

Circulo 2: ¿Lo hago bien?

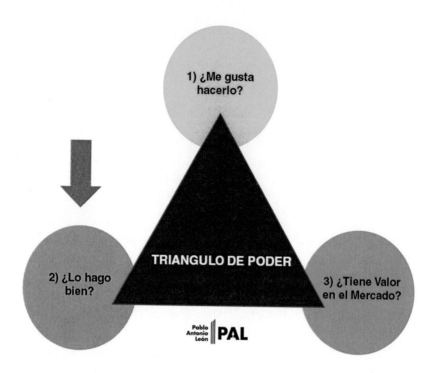

Todos sin excepción tenemos talentos, habilidades, cosas para las cuales somos buenos, algunas veces de forma natural y otras porque las hemos desarrollado con la práctica.

En este segundo círculo es importante marcar la diferencia con el primero, porque podemos hacer algunas cosas bien pero no necesariamente las disfrutamos.

En mi caso por ejemplo se me deban bien las matemáticas en el Colegio y en la Universidad pero no es algo que disfrutara hacer.

También podemos encontrar casos en los cuales hacemos algo bien debido a la repetición, no porque tengamos una habilidad natural para eso.

En uno de mis primeros trabajos tenía que crear tablas de Excel para casi todo, de esa forma aprendí a manejarlo muy bien, no por una habilidad natural, sino por una habilidad adquirida gracias a la práctica, a la repetición.

Vamos a realizar el segundo ejercicio práctico:

Vamos a crear una lista y anotaremos todo lo que hacemos bien

Le coloco un ejemplo para que le sirva de guía

¿Qué hago bien?
Aplicar tècnicas Innovadoras de Marketing
Vender
Explicar temas complejos de forma sencilla
Analizar las estrategias y estadìsticas del beisbol
Resumir el contenido de las Biografías

Círculo 3: ¿Tiene Valor en el Mercado?

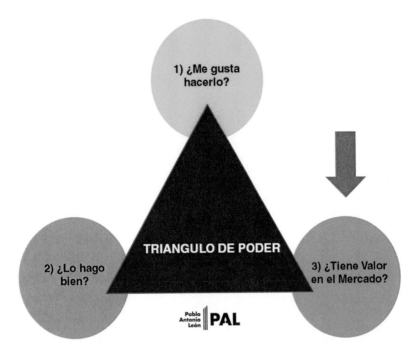

Este tercer círculo se refiere a las cosas por las cuales existen personas dispuestas a pagar.

Esto es muy importante porque la finalidad de este libro no es solo que usted se dedique a lo que le gusta, sino que pueda crear con ello un Negocio Rentable.

Si a usted le gusta algo, lo hace bien y existen personas dispuestas a pagar por ello allí está su **Triángulo de Poder**.

Vamos a combinar los 3 círculos

Si usted encuentra puntos de unión en los 3 Círculos, estará encontrando también potenciales actividades que disfruta, que hace bien y que puede monetizar, allí estará su Triángulo de Poder.

Le comparto un ejemplo para que observe como quedaría una tabla para combinar los 3 Elementos del Triángulo de Poder

PABLO ANTONIO LEÓN

¿Qué me gusta hacer?	¿Qué hago bien?	¿Tiene Valor en el Mercado?	Negocio Potencial
Aprender todo lo relacionado con el Marketing	Aplicar tècnicas Innovadoras de Marketing	SI	✓
Aprender todo lo relacionado con las Ventas	Vender	SI	✓
Hablar de Negocios y Emprendimientos			
Dar conferencias y compartir mi conocimiento	Explicar temas complejos de forma sencilla	SI	✓
Escuchar música			
Escuchar audios de Crecimiento Personal			
El Beisbol, disfruto mucho este deporte	Analizar las estrategias y estadìsticas del beisbol	SI	✓
Ver partidos de Futbol			
Ver partidos de Baloncesto			
Coleccionar Biografías	Resumir el contenido de las Biografías	SI	✓
Ver Peliculas de Suspenso			

¿QUÉ SUCEDE CUANDO CREAMOS UN NEGOCIO SIN CUMPLIR CON EL TRIÁNGULO DE PODER?

Luego de explicar de forma teórica como puede crear su Triangulo de Poder voy a compartir con usted cómo nace este concepto.

Voy a analizar como logré desarrollar dos emprendimientos bastante exitosos, pero que luego de algunos años no cumplían mis expectativas personales aunque estuviera ganando dinero.

En estos dos casos va a poder entender de forma práctica la importancia del Triángulo de Poder y el vacío que se siente cuando creamos un Negocio que produce dinero pero que no es aquello que nos apasiona.

Caso 1: Mi Primer Negocio

(www.tuseventos.com)

En mi Primer Negocio detecté una Oportunidad, me di cuenta que muchas personas necesitaban organizar eventos (bodas, cumpleaños, aniversarios, entre otros) y no contaban con ayuda al momento de ubicar a los proveedores, incluso en muchos casos no sabían cómo conseguirlos.

Quienes les podían colaborar a ubicar todo lo necesario eran los Organizadores de Eventos pero cobraban mucho dinero por ese servicio.

A mí se me ocurrió crear una Plataforma On Line para ayudar a estas personas de forma gratuita y recomendarles a los mejores proveedores en cada ciudad.

La forma de monetizar sería cobrando un monto anual a cada proveedor si deseaba que yo lo incluyera en mi lista de recomendaciones.

La única condición para mantenerlos en mi lista (aparte de hacer el pago) era brindar un buen servicio, si eso no se cumplía yo lo podía eliminar, para de esta forma garantizar que mis recomendaciones fueran las mejores.

A las personas les gustó mucho la Plataforma porque no debían pagar absolutamente nada y se les ayudaba a ubicar todo para su evento.

Funcionó bastante bien porque fue algo innovador, tenía muchos proveedores pagando su afiliación, contentos con el servicio pero no terminaba de sentirme satisfecho porque no estaban presentes los 3 círculos.

Aquí coloco el análisis de los 3 Círculos, para que usted pueda visualizar la importancia de contar con el Triángulo de Poder para mantener un Negocio en el tiempo.

Círculo 1: ¿Me gusta hacerlo?

No - Realmente no me gustaba organizar eventos, lo hice porque detecte que había allí una buena Oportunidad de Negocio, pero sinceramente no era mi pasión.

Círculo 2: ¿Lo hago bien?

Si - La mayoría de mis Clientes manifestaron estar satisfechos, y aún años después de haber cerrado el Negocio me seguían escribiendo solicitando el servicio

Círculo 3: ¿Tiene valor en el Mercado?

Si - Contaba con muchos clientes que pagaban por mi servicio, por lo tanto si había un Mercado y el Negocio fue bastante rentable.

Cuando combinamos los 3 Círculos entiendo porque yo buscaba crear un Negocio distinto en aquel momento, sencillamente me hacía falta uno de los 3 Círculos.

Círculo 1 (NO) + Círculo 2 (SI) + Círculo 3 (SI) = Al faltar el Círculo 1, yo ganaba dinero pero no me estaba dedicando a algo que disfrutara.

Por esa razón yo seguía buscando algo más, otro negocio innovador, claro, en ese momento no conocía el Triángulo de Poder pero algo dentro de mí sabía que aunque estaba ganando dinero tenía que buscar algo distinto.

Caso2: Mi Segundo Negocio

(www.capacitacionprofesional.net)

Mi segundo negocio fue Capacitación Profesional, una Plataforma On Line de Formación en temas tributarios y laborales para Contadores Públicos.

En su ámbito profesional el Contador Público debe actualizarse constantemente, la información es muy amplia y cambiante, yo lo sabía muy bien porque soy Contador Público de Profesión.

Mi idea fue crear una Plataforma Virtual en la cual por un pago anual y pagos adicionales por cada contenido, ellos podían acceder a Cursos en Vídeo en Materia Laboral y Tributaria las 24 horas del día, los 365 días del año desde cualquier dispositivo con conexión a Internet.

Realmente fue algo que superó cualquier expectativa, la respuesta del público fue muy positiva, en pocos meses ya había recuperado la Inversión y la Rentabilidad era muy alta.

La Ventas eran impresionantes, aquí sucede lo que nosotros como emprendedores soñamos con nuestras creaciones, que sean un éxito masivo, que las personas compartan la información, que se conviertan en nuestros clientes.

Todo esto sucedió y logré crear un Negocio Sólido, pero con el paso de los años comencé a sentir lo mismo que con el Negocio anterior, estaba ganando dinero pero no me sentía pleno.

Vamos a analizarlo ahora con el Triángulo de Poder para entender porque creando un Negocio tan Rentable no terminaba de sentirme satisfecho.

Círculo 1: ¿Me gusta hacerlo?

No - Aunque soy Contador Público de Profesión y nos dedicábamos a brindar capacitación precisamente a contadores, soy sincero, la Contabilidad y los temas tributarios no son algo que realmente me apasione, los entiendo, los comprendo, pero no los disfruto.

Por lo tanto el Círculo 1 claramente no estaba presente en este negocio

Círculo 2: ¿Lo hago bien?

Si - Claro que lo hacíamos bien, los clientes estaban fascinados con la Plataforma de enseñanza virtual y con la manera en la cual se impartían los temas.

Logramos consolidar una Comunidad de más de 100.000 profesionales en sólo unos pocos meses, queda claro que lo hacíamos muy bien.

Yo recibía cientos de registros en la página web de personas en todos los rincones de mi país (Venezuela) queriendo formar parte, por lo tanto el

Círculo 2 estaba presente, es una muestra contundente de que lo estábamos haciendo bien.

Círculo 3: ¿Tiene valor en el Mercado?

Si - Este era uno de los aspectos más destacados del Negocio, la Rentabilidad era superior al 80 por ciento, esto es algo muy difícil de lograr en cualquier ámbito.

Por supuesto que el Círculo 3 estaba presente, el Mercado era enorme y estaba totalmente dispuesto a Invertir en mi Solución Innovadora.

Ante este panorama tan llamativo, cualquier persona podría pensar que yo había creado el Negocio para toda la vida, con alta rentabilidad y un crecimiento sólido, pero volví a lo mismo, aunque estaba ganando dinero, la contabilidad no era algo que yo disfrutara.

Círculo 1 (NO) + Círculo 2 (SI) + Círculo 3 (SI) = Al faltar el Círculo 1, yo logré crear un Gran

Negocio pero el tema central del mismo no era algo que me apasionara, por eso comencé a buscar otra nueva creación, otro emprendimiento.

Hasta aquí se podría pensar que nada me llena, que pude crear dos Negocios Innovadores, muy Rentables y que igualmente seguía buscando algo más ¿Qué inconforme verdad?

Hasta ese punto yo no conocía el Triángulo de Poder, por esa razón es que lograba crear buenos negocios, pero no en temas que me apasionaran, sino que generaran dinero solamente.

En ese momento comencé a buscar información, a estudiar distintos libros, estaba dispuesto a determinar qué era eso que me hacía falta ¿Por qué había podido crear negocios exitosos pero no me llenaban?

En ese instante con toda la información que me dediqué a analizar, **comienzo a desarrollar un Método que me permitiera crear un Negocio Rentable que pudiera disfrutar al máximo, así nace El Triángulo de Poder** y logro descubrir que es aquello que me apasiona y como podría volver a Crear otro Negocio Exitoso pero que está vez me hiciera sentir pleno y feliz.

APLICACIÓN PRÁCTICA
DEL TRIÁNGULO DE PODER
(WWW.PABLOANTONIOLEON.COM)

Cuando entendí que debía hacer un análisis de los 3 Círculos para encontrar mi pasión, nace mi Negocio

Actual del cual estoy muy satisfecho y le dedico mi tiempo con todo el gusto del mundo.

Círculo 1: ¿Me gusta hacerlo?

Me apasiona todo lo relacionado con el Marketing, las Ventas y las Estrategias de Negocio.

Me encanta ayudar a los demás y compartir lo que voy aprendiendo con otras personas.

Círculo 2: ¿Lo hago bien?

Para darnos cuenta si hacemos algo bien o no, debemos escuchar a los demás.

Yo hice algo muy práctico, comencé a compartir mis conocimientos de Marketing, Ventas y Estrategias de Negocio con personas de todas partes del mundo a través de Internet y esperé los comentarios para darme cuenta si realmente a ellos les gustaba.

Tuve la dicha de recibir muchísimas opiniones positivas, mensajes de felicitación, de agradecimiento y allí comprendí que si llenaba sus expectativas, por lo tanto el segundo círculo está presente.

Círculo 3: ¿Tiene Valor en el Mercado?

El dedicarme a Asesorar Empresarios y Emprendedores para mejorar las Ventas de sus Negocios es algo que tiene un Gran Mercado.

Existen muchas personas dispuestas a Invertir su dinero en Asesoría que realmente les ayude a mejorar sus Negocios, a obtener resultados.

Por lo tanto el Círculo 3 también está presente, porque muchas personas están dispuestas a Invertir Dinero para recibir mi Asesoría y mejorar los resultados de sus Negocios.

Círculo 1 (SI) + Círculo 2 (SI) + Círculo 3 (SI)

= Negocio Rentable y sostenible en el tiempo que disfruto al máximo.

Ahora puedo afirmar con Certeza que he encontrado mi Triángulo de Poder.

Me dedico actualmente a Asesorar Empresarios vía Internet para mejorar sus Negocios, hice mi página web http://www.pabloantonioleon.com para este fin y semana a semana recibo solicitudes de Asesoría de Empresarios de todas partes del mundo.

Es algo que me gusta hacer, que disfruto al máximo y que puedo realizar de lunes a domingo sin sentir que es una carga, simplemente porque es mi pasión.

Por eso quisiera que usted que está leyendo este libro encuentre su Triángulo de Poder, estoy seguro que disfrutará cada día haciendo lo que le apasiona, y lo mejor de todo es que también obtendrá muy buenos ingresos, ya que si le gusta lo que hace cada vez tendrá más motivación para ser el mejor en su mercado.

CASOS ESPECIALES CON EL TRIÁNGULO DE PODER

Sabemos que el Triángulo de Poder se forma con los 3 Círculos, pero surge la pregunta:

¿Qué sucede cuando cumplo solo con dos Círculos?

Voy a analizar cada escenario con dos Círculos:

Escenario 1:

Me gusta hacerlo y lo hago bien pero no tiene Valor en el Mercado

Si a usted le gusta, lo hace bien pero no hay personas dispuestas a pagar por ello, entonces puede seguir realizando esa actividad pero teniendo claro que allí no hay un Negocio Potencial, simplemente la va a tener como un hobbie.

Escenario 2:

Lo hago bien y tiene Valor en el Mercado pero no me gusta

Esto le sucede a muchas personas que han hecho algo repetitivo pero que no lo disfrutan, lo terminan haciendo bien y les pagan por eso, pero ven la llegada del lunes con molestia, porque otra vez comienza una semana de trabajo.

Continúan realizando esa labor porque reciben un pago por ella y la hacen bien, pero este es uno de los escenarios más peligrosos, ya que por temor nunca salen de allí y pasan los años sin dedicarse a lo que disfrutan realmente.

Escenario 3:

Me Gusta y tiene Valor en el Mercado pero no lo hago bien

En este caso debe formularse esta pregunta:

¿Tengo margen para mejorar y el tiempo es suficiente?

ATENCION: Este es el único escenario en el cual podría formar su Triángulo con dos círculos y construir el tercero poco a poco.

Por esa razón voy a colocar dos ejemplos para que se entienda bien.

Ejemplo 1: Yo quisiera jugar fútbol como Messi, me gusta y pagan muy bien pero no lo hago al nivel que se necesita para llegar a ser un profesional y ya el tiempo no me alcanza tampoco porque así entrene todos los días no podría comenzar mi carrera de futbolista profesional después de los 40 años.

Este punto es muy importante dejarlo claro:

Todo en la vida lo podemos mejorar con la práctica pero hay actividades para las cuales así logremos mejorar, ya nuestro momento pasó.

Ejemplo 2: Usted quiere ser chef, y sabe que le falta hacerlo bien.

En este caso debe capacitarse desde hoy para poder llegar a ser el mejor del mundo.

Allí si podría mejorar, destacarse y hacer un Negocio con ello porque no tendría una edad tope para comenzar.

En definitiva aunque el Triángulo de Poder se logra con los 3 Círculos, sólo en el caso en el cual le haga falta el segundo círculo (¿Lo hago bien?), tenga la disposición de capacitarse para mejorar y aún cuente con el tiempo para poder dedicarse a ello toda su vida, podría encontrar aquí su Triángulo de Poder sólo con dos Círculos.

5 CLAVES DEL ÉXITO

Después de que tenemos claro nuestro Triángulo de Poder debemos dar el siguiente paso que es Crear un Negocio y ser felices haciendo lo que nos gusta.

Ahora voy a compartir con usted las 5 Claves que me han permitido Crear Negocios Rentables y hacerlos crecer.

1. Un Problema es una Oportunidad
2. Apertura al Comercio Electrónico
3. El Flujo de Dinero
4. Buscar Asesoría
5. Pasar a la Acción

La finalidad de este libro no es solo que usted pueda descubrir su pasión, sino que también haga con ella un Negocio que le permita obtener su sustento y el de su familia realizando algo que realmente disfrute.

Vamos a estudiar una a una las 5 Claves para construir un Negocio Sólido.

UN PROBLEMA ES UNA OPORTUNIDAD

Como todo en la vida siempre hay un primer paso, un comienzo.

Hasta este punto usted ya tiene claro que debe dedicarse a lo que le apasiona, pero se presenta una pregunta lógica:

¿Cómo construyo un Negocio con mi Triángulo de Poder?

Los Negocios Exitosos normalmente nacen y existen porque brindan soluciones a problemas.

Si sabemos que la raíz de un Negocio Exitoso se fundamenta en crear soluciones vamos a comenzar por aquí.

En nuestro día a día debemos interactuar con diversas personas (familiares, amigos, vecinos, colegas, desconocidos) y existe algo en común para todos:

Se nos presentan problemas y dificultades

Precisamente esa es la esencia de la vida, ir superando obstáculos, ir resolviendo las dificultades.

Nadie en el mundo tiene una vida perfecta, siempre a usted y a las personas que están en su entorno se le van a presentar problemas.

Aquí tenemos la semilla que va a fomentar la Creación de Negocios:

Los Problemas

Lo interesante es que esa semilla está en todas partes del mundo, no importa donde se encuentre usted en este momento, estoy seguro que allí hay problemas que resolver.

Conociendo entonces que ese es el origen de las mejores Ideas de Negocio ¿Qué vamos a hacer?

De ahora en adelante va a prestar mucha atención a cualquier problema que se le presente a usted o también a otras personas y lo va a anotar.

Puede hacerlo en su Teléfono Celular o en una Agenda Pequeña.

Cada vez que se le presente una dificultad o que alguien le comente algún problema que tenga simplemente lo va a anotar, sólo lo va a anotar, nada más.

Luego va a dedicar por lo menos cuatro horas a la semana, en un lugar en el cual encuentre tranquilidad (puede ser en su propia casa) a revisar esas notas y comenzará a pensar en posibles soluciones para cada problema que tenga anotado.

Todo lo que se le ocurra lo va a anotar aunque en el momento no le encuentre sentido.

Luego va a investigar si para ese problema ya existen personas o empresas dedicadas a brindar soluciones. (El buscador de Google puede ser muy útil)

Al realizar la búsqueda va a encontrar dos escenarios posibles:

» Sí, ya existen personas o empresas ofreciendo soluciones:

En ese caso va a tomar ideas de lo que ellos están haciendo y va a analizar si lo puede hacer mejor.

En mi caso con el primer negocio que logré consolidar este fue el escenario que encontré, ya existían algunas personas y empresas tratando de brindar soluciones pero se podía hacer muchísimo mejor y encontré mi primera Gran Oportunidad.

» No hay nadie ofreciendo soluciones para ese problema:

En este escenario usted podría crear una solución práctica y convertirla en un Negocio en el caso de que existan personas dispuestas a pagar por ella.

Le aseguro que con este Método va a encontrar cientos de problemas para solucionar.

Nota: Es importante que el Negocio que desea crear con la solución que va a desarrollar esté vinculado con su Triángulo de Poder para evitar que le suceda lo que me sucedió con los dos primeros Negocios (Generaba dinero pero realmente no los disfrutaba)

APERTURA AL COMERCIO ELECTRÓNICO

La segunda clave del éxito es fundamental en nuestro tiempo ya que cada día más personas cuentan con conexión a Internet, se activan más líneas para teléfonos inteligentes y se generan más conexiones entre las personas de forma global.

Si sabemos que nuestra comunicación como seres humanos cada día se basa más en las Redes, es lógico que los Negocios también se desarrollen en Internet.

No me refiero a que sólo se deben desarrollar soluciones tecnológicas como negocio, sino que cualquier emprendimiento debe tener presencia en Internet de forma obligatoria.

Independientemente de que sea una empresa con manejo de inventarios, con almacenes, con presencia física, debe tener presencia en la web.

Hace algún tiempo leí una frase que me pareció muy acertada, dice:

"Con el tiempo existirán sólo dos tipos de negocios, los que tengan presencia en Internet y los que no existan"

Yo estoy totalmente de acuerdo, con el paso de los años los Negocios que no tengan presencia en la web sencillamente van a desaparecer, porque la competencia si la va a tener.

Podemos encontrar dos escenarios distintos y en cualquiera de ellos es muy importante contar con presencia en la web:

Escenario 1: Negocio que requiera de presencia física

En este escenario se mantiene la presencia física pero se debe complementar con una presencia en Internet y la razón es muy simple, prácticamente todos sus Clientes van a contar con conexión a

Internet, por lo tanto es obligatorio que su Empresa este allí donde ellos están.

Se hace algo evidente, le coloco un ejemplo, si yo vendo un producto en mi localidad que es exclusivo para personas que juegan Tenis y en mi ciudad hay 5 complejos deportivos para practicar Tenis, yo debo tener presencia en esos 5 lugares porque allí están mis potenciales clientes.

Así sucede con el Internet, porque sea cual sea el producto o servicio que usted ofrezca, sus Clientes seguramente están conectados a Internet por lo tanto su marca y su mensaje deben estar allí.

Escenario 2: Negocio totalmente On Line

Si su Negocio es totalmente digital con más razón debe estar en la web porque no estar carecería totalmente de sentido común.

Lo que quiero destacar con esto es que no importa el tipo de Negocio que desarrolle, sus prospectos y clientes van a estar en Internet.

No sólo se trata de estar porque todos lo recomiendan, es que existen **dos razones muy poderosas desde el punto de vista empresarial que lo hacen obligatorio:**

1) Costos muy bajos

Cuando me refiero a tener costos muy bajos, esto evidentemente es necesario para cualquier negocio que desee ser competitivo, porque nos permite aumentar la Rentabilidad con el mismo nivel de Ingresos.

2) Mayor Alcance

En la nueva economía se hace muy factible tener presencia a nivel global, hoy usted puede crear su Negocio y proyectarlo hacia cualquier lugar del mundo con una Campaña Publicitaria On Line y en pocas horas recibir registros o llamadas de potenciales clientes en ese país, que puede estar a miles de kilómetros de distancia de su ubicación.

En el caso de mis Servicios de Asesoría he recibido solicitudes de Indonesia, Australia, Alemania, Rumanía, España, Estados Unidos, México, Perú, entre otros y yo tengo mi Centro de Operaciones en Venezuela.

Por lo tanto usted debe pensar en grande con su Negocio o con su Emprendimiento ya que gracias al Internet usted puede darse a conocer y competir en cualquier mercado en sólo unas pocas horas.

Tomando en cuenta el hecho de que muchos profesionales independientes, empresarios y negocios en general requieren una Presencia Sólida en Internet que no sólo se limite a una página web, sino que cuente con una Imagen Corporativa de Alto

Nivel en Redes Sociales, que se transmita un mensaje claro, con un llamado a la acción basado en una Estrategia de Negocios Previa, decidí crear un Video para explicarle con detalle cómo debe hacerlo.

Puede acceder en este enlace:

http://www.pabloantonioleon.com/presencia-en-internet/

Le invito desde hoy a que construya su Marca en Internet de forma Profesional, con una Estrategia de Negocios que incluya su sitio web, su presencia en redes sociales y un mensaje consistente para lograr un fin específico y medible.

EL FLUJO DE DINERO

Como bien sabemos la rentabilidad de nuestro Negocio la determinamos en base a los Ingresos y Egresos del mismo.

Por lo tanto nuestro foco debe estar orientado en incrementar los ingresos y mantener los egresos en un nivel que nos permita operar de la mejor manera, con altos estándares de calidad.

Vamos a analizarlos por separado:

Ingresos

Los ingresos son el combustible del Negocio, son los que permiten la entrada de dinero y el crecimiento del mismo, por lo tanto debemos generarlos de forma eficiente.

Para poder hacerlo una de las habilidades que debemos adquirir y dominar son **las Ventas**, no importa cuál es el producto o servicio, si usted no sabe venderlo o no tiene dentro de su equipo personas que sepan hacerlo, lamentablemente no podrá conseguir excelentes resultados.

Es muy simple, usted puede contar con el mejor producto o servicio en el mundo pero si no lo comunica bien, nadie lo sabrá.

Por lo tanto como Emprendedor o Empresario es vital que usted se capacite en este tema porque estoy seguro que lo va a necesitar.

He tenido casos de personas que me han manifestado que para el servicio que prestan no necesitan saber vender, que haciendo bien el trabajo los Clientes llegarán.

Lamentablemente se equivocan, le coloco algunos ejemplos:

» Usted puede ser un buen médico, con dos especialidades, con muy buena formación, pero si no tiene una buena Imagen Corporativa, no maneja bien su Marca Personal, la Atención a sus Pacientes, el seguimiento y no transmite correctamente el mensaje con los beneficios que ofrece, lamentablemente no logrará los resultados deseados, así tenga toda la preparación posible en su Profesión.

» Usted puede crear un software para el manejo administrativo de pequeños y medianos negocios, puede tener grandes beneficios que ofrecer pero si usted no sabe explicarlos de forma convincente le aseguro que no venderá ni una sola unidad.

» Usted puede formar parte de alguna Red de Mercadeo pero si no sabe explicar los beneficios de los productos que maneja y no sabe ofrecer correctamente la oportunidad de negocio para que otras personas se unan a su Equipo, no va a obtener resultados positivos, y no es culpa de la empresa, es su responsabilidad porque usted debe preocuparse por ser un vendedor de Alto Nivel para poder cumplir sus metas.

He encontrado muchos casos en los cuales las personas me dicen:

"Pablo en mi Red de Mercadeo yo no tengo que vender absolutamente nada"

Se equivocan totalmente porque el éxito de cualquier Negocio de Redes de Mercadeo se fundamenta precisamente en el crecimiento de la Red, y eso sólo se logra si las personas consiguen unir más personas y para poder hacerlo tienen que saber Vender la Oportunidad de Negocio.

Lo que quiero explicarle es que independientemente del producto o servicio que usted ofrezca debe ser un Gran Vendedor para conseguir resultados.

Por lo tanto le recomiendo adquirir Cursos, Audios, Libros, participar en Seminarios, Conferencias en todo lo relacionado a las Ventas.

En mi caso particular le he dedicado muchos años a este tema y todavía sigo haciéndolo, **de hecho he creado para usted como regalo adicional,** un Curso en Audio con 8 Técnicas Poderosas de Persuasión en la Venta y puede acceder a él sin ningún costo en este enlace:

http://www.pabloantonioleon.com/persuasion/

En general usted decide que Programas de Entrenamiento quiere tomar para convertirse en un Vendedor Profesional, pero recuerde que esto no es algo opcional, es indispensable para tener Éxito.

Otro aspecto muy importante en la generación de Ingresos es poder cobrar, porque usted puede aprender a vender pero también debe utilizar la tecnología para recibir los pagos de sus Clientes de forma ágil.

Recuerde lo que le explicaba en la Clave anterior:

La Apertura al Comercio Electrónico

Como sabemos que cualquier negocio que desee mantenerse y ser competitivo debe ingresar al Comercio Electrónico y en este libro quiero ayudarle para que usted pueda crear **El Mejor Negocio del Mundo** (que simplemente es aquel que usted disfruta, que hace bien y con el cual recibe muy buenos ingresos) quiero mostrarle también como puede recibir pagos vía Internet desde cualquier lugar del mundo.

PayPal

Existen diversas Plataformas para este fin, pero sin duda la número 1 es PayPal.

PayPal le permite recibir pagos de sus clientes de forma muy simple en menos de cinco minutos con una comisión muy razonable.

Usted sólo debe crear su cuenta ingresando a www.paypal.com y completando los datos solicitados.

Le explico cómo funciona:

» PayPal genera sus ingresos cobrando una comisión al vendedor, es decir, a la persona que recibe el pago, por lo tanto usted sólo le pagará a PayPal cuando reciba dinero.

¿Qué quiere decir esto?

Que crear una cuenta en PayPal es Gratis y que no tiene que pagar nada por mantenerla activa.

Sólo van a restar la comisión cuando usted haga una venta, así de simple, si usted está vendiendo quiere decir que está generando dinero.

» Al momento de crear su cuenta PayPal le va a solicitar una cuenta bancaria o una tarjeta de crédito y luego le realizarán un cargo reembolsable de menos de 2 dólares, esto no es ninguna comisión sino que ellos necesitan verificar que esa cuenta realmente es de su propiedad, por lo tanto en la descripción de dicho cargo en su estado de cuenta bancario aparecerá un código único que usted debe colocar en su cuenta de PayPal para de esta forma validar que tiene propiedad sobre la misma.

» PayPal funciona como un banco pero de forma virtual, usted recibe los pagos y va a poder ver en pantalla los movimientos, tal cual aparecen en cualquier estado de cuenta bancario.

Usted contará con un Saldo Virtual, el cual podrá utilizar para hacer compras en Internet o retirarlo a su cuenta bancaria.

Nota: Para poder retirar el dinero de PayPal (el de su saldo virtual) debe tener una cuenta en los Estados Unidos.

En caso de no tenerla podría hacer dos cosas con su saldo virtual:

» Comprar productos en Internet

» Vender ese saldo a otra persona que utilice PayPal y que si pueda retirarlo.

» La forma de cobrar es muy simple, sólo necesita la dirección de correo electrónico de su cliente, luego ingresa a su cuenta de PayPal y da click en Solicitudes de Pago.

Después coloca el monto a cobrar y el correo de su cliente, para que PayPal le envíe la Solicitud de Pago.

El Cliente sólo abrirá dicho correo, dará click en pagar, en menos de 5 minutos usted recibirá el dinero en su cuenta virtual y una Notificación de Pago.

Payoneer

Para poder hacer negocios por Internet usted va a necesitar una Tarjeta de Crédito o Débito preferiblemente Visa o Master Card.

También en muchos casos va a necesitar una cuenta bancaria en los Estados Unidos para poder retirar el dinero que recibe con las Plataformas de Pago.

Payoneer detectó esta gran necesidad y creó una solución muy valiosa para todos los Empresarios y Emprendedores que no cuentan con Tarjeta de Crédito, Débito o con una Cuenta en los Estados Unidos.

Payoneer le permite crear una Cuenta Virtual en los Estados Unidos y recibir una Tarjeta de Débito Máster Card en su domicilio de forma gratuita.

Así usted va a poder recibir dinero en dicha cuenta y utilizar la tarjeta de débito Máster Card para hacer retiros de dinero en los Cajeros Electrónicos de muchísimos países.

Sólo debe completar la solicitud de su cuenta en Payoneer y esperar la aprobación para posteriormente recibir su tarjeta de débito y activarla.

En el siguiente enlace coloco un Video Tutorial en el cual explico paso a paso como hacerlo (Debajo del Vídeo encontrará un botón para que pueda crear su cuenta en Payoneer de forma segura y recibir un bono de 25 dólares luego de activarla)

http://www.pabloantonioleon.com/payoneer/

De esta forma analizamos los Ingresos, sabemos que son el combustible del Negocio, que debemos aprender a vender de forma profesional y realizar cobros a nuestros clientes de forma ágil vía Internet.

Egresos

En todo negocio también existen costos y gastos inherentes al mismo, pero lógicamente para que el Negocio sea rentable no deben superar los Ingresos.

Por lo tanto debemos buscar la manera de poder operar de forma eficiente controlando los egresos, porque de no hacerlo podríamos fracasar incluso logrando buenas ventas.

Uno de los errores más comunes que he encontrado es que muchas personas cuando comienzan un Negocio gastan demasiado dinero en oficina, mobiliario, decoración, personal, que en mi opinión no son realmente necesarios en ese momento.

Yo entiendo que es producto del ímpetu, de las ganas de querer hacer todo de la mejor forma, pero precisamente debemos administrar muy bien nuestro dinero en las etapas iniciales ya que normalmente nos hará falta más adelante.

¿Cuál es mi recomendación?

Comience sus operaciones con el menor gasto posible, invierta estrictamente en lo necesario para poder operar, en muchos casos no necesita oficina en los primeros meses, tampoco mucho personal, lo que si necesita es **VALIDAR SU MODELO DE NEGOCIO.**

En la primera etapa necesitamos poder operar y validar si nuestro negocio es viable o no lo es, porque en muchas ocasiones las ideas que tenemos en mente y las proyecciones dicen algo pero cuando lo llevamos a la práctica no es así.

Por esa razón es que debemos utilizar muy bien nuestros recursos porque seguramente vamos a necesitar un tiempo de adaptación, de posicionamiento en el mercado, vamos a tener que modificar algunos aspectos que creíamos funcionarían de una forma pero en la práctica no fue así y para ello vamos a necesitar dinero.

Por lo tanto mi consejo es que opere con el mínimo de recursos posible y valide su modelo de negocio, luego si es realmente viable, el mismo negocio le proporcionará el dinero para ir creciendo, para ir contratando más personal, para invertir en un local, mobiliario, entre otros (Si es necesario).

Invierta en su Negocio

Para que usted pueda disfrutar de un Negocio sólido a lo largo del tiempo tiene que invertir mucho en él.

Otro de los grandes errores que he podido detectar es que muchas personas que logran crear negocios, rápidamente cambian su estilo de vida cuando comienzan a recibir ganancias.

Esto es un error grave, ya que las ganancias se deben reinvertir en el Negocio para hacerlo crecer.

En los primeros años le recomiendo fijarse un sueldo o un porcentaje de las ganancias del Negocio.

En mi caso por ejemplo me fijé un 30 % de la Utilidad del Negocio, es decir que el 70 % restante lo invierto de nuevo en él, bien sea para adquirir nuevos activos, para hacer más publicidad, para actualizar sistemas, etc.

Yo entiendo que usted podría pensar que eso de fijarse un Sueldo del Negocio es mentalidad de auto-empleado.

Por eso yo en vez de colocar un sueldo, establecí un 30 % de la Utilidad del Negocio, **resalto que es de la Utilidad y no de las Ventas.**

Por lo tanto si mi Negocio genera más utilidad mes a mes yo también ganó más dinero y el Negocio también sigue creciendo porque se le está inyectando directamente el 70 % de esa rentabilidad.

Es una forma de alimentar siempre el Negocio y de generar un incentivo para usted como Dueño del mismo, porque a medida que aumenten las utilidades usted ganará también más dinero.

Luego con ese dinero que usted recibe (30 %) también puede generar un criterio inteligente para manejarlo.

En mi caso hago lo siguiente:

Del Ingreso que yo percibo (De ese 30 % que para mí se transforma en un 100 %), yo destino el 20 % para otra cuenta bancaria de crecimiento.

Esta cuenta bancaria de crecimiento, la llamo así porque de ella obtengo los fondos para mes a mes comprar Cursos, Libros, Conferencias, Entrenamientos, que me hacen crecer como persona y como empresario.

Recuerde que su crecimiento como persona nunca termina, y que siempre debemos invertir en nosotros mismos para cada día superarnos.

Aquel que llegue a pensar que ya lo sabe todo, que no necesita aprender de nada mas, tiene el fracaso garantizado, por lo tanto le recomiendo mantener la humildad en su vida y estar abierto a aprender cosas nuevas todos los días.

BUSCAR ASESORÍA

Uno de los errores más costosos que cometemos los emprendedores en muchas ocasiones es querer hacer las cosas solos y a nuestra manera.

Cuando comencé con mi Primer Negocio, al ser una Solución Innovadora no deseaba compartir información con prácticamente nadie por temor a que me robaran la idea.

Eso me llevó a ser muy hermético y al hacerlo no me estaba dando cuenta pero también me estaba cerrando a muchas oportunidades de crecimiento.

Cuando comencé en el año 2010, ya contaba con la experiencia de haber trabajado en dos Grandes Empresas, lo que me había permitido la posibilidad de estudiar de cerca lo que hacían ellas y específicamente sus Gerencias de Mercadeo.

Tomando en cuenta dicha experiencia y mi buen desempeño en las Ventas a lo largo de los años, pensaba que ya contaba con todo el conocimiento necesario para emprender mi propio negocio y hacerlo crecer rápidamente.

Por esa razón hice todo a mi manera, realicé grandes campañas publicitarias en el Marketing Tradicional (Televisión, Radio, Prensa, Revistas, Publicidad Exterior) esperando obtener muy buenos resultados.

Hasta ese momento era el Marketing que yo había conocido de primera mano con la experiencia que había adquirido pero no tomé en cuenta un gran detalle:

Mi negocio era totalmente On Line y las Campañas las estaba haciendo sólo con el Mercadeo Tradicional.

Contraté grandes campañas en Salas de Cine, Televisión, Radio, Revistas, con una inversión muy importante de dinero, todos los días entraba al panel de control de la página web esperando recibir cientos de personas interesadas en las recomendaciones para organizar su evento, pero nada pasaba.

Incluso habían días en lo que no recibía ni un solo registro en el sitio web, era una situación muy frustrante y aparte ya tenía firmados los contratos publicitarios por varios meses, un gran error.

Lo que colocó peor toda la situación fue que comencé a recibir llamadas de los Clientes (Proveedores para Eventos) que me habían pagado la suscripción para poder ser recomendados exigiendo que les enviara prospectos porque no estaban obteniendo ningún resultado por su inversión.

Para ponerlo en términos más sencillos, las personas que confiaron en el proyecto, que creyeron en este servicio innovador estaban perdiendo la paciencia y tenían razón porque la publicidad que yo había contratado no estaba funcionando.

Todo esto comenzó a ocasionar una gran preocupación, comencé a dudar de si había sido una buena idea dejar todo por mi emprendimiento (un buen empleo, una buena remuneración, una carrera ascendente en el mundo corporativo).

Ese fue uno de los momentos más difíciles que tuve que atravesar y que la mayoría de Emprendedores debemos pasar en algún momento, pero allí es donde se mide nuestro temple, nuestro carácter.

No podía volver atrás, estaba atravesando una situación muy crítica, había invertido una gran cantidad de dinero en publicidad que no estaba funcionando, lo peor es que debía continuar con ella porque en algunos casos había firmado contratos por 6 meses para obtener descuentos y varios clientes comenzaron a retirarse, lo que ocasionó que en pocos meses ya hubiera perdido casi todos mis ahorros en un Proyecto que hasta ahora sólo había generado grandes pérdidas.

En ese momento comencé a darme cuenta de que debía buscar ayuda, que debía dejarme asesorar por alguien que ya hubiera recorrido el camino que yo quería empezar a recorrer.

Esta es una de las situaciones más difíciles de aceptar para nosotros los emprendedores porque muchas veces sentimos a nuestra creación, como nuestro propio hijo y no queremos que nadie nos diga cómo debemos hacerlo crecer.

Pero al darme cuenta de que estaba en una situación crítica, muy cerca de fracasar con mí primer negocio comencé a buscar ayuda.

Recuerdo que todos los días encendía mi computador a las 6 am buscando información para conseguir prospectos para mi negocio. (Personas interesadas en organizar su evento y recibir las recomendaciones)

Yo sabía que muchísimas personas organizaban eventos y necesitaban ayuda para los mismos pero como les hacía saber que yo existía, que ofrecía un servicio de ayuda gratuita que les iba a interesar.

Muchos proveedores habían confiado y estaban esperando que les referenciara potenciales clientes para organizar su evento pero esas personas no sabían de mi página web.

Ya había comprendido que el gran problema estaba en la Estrategia de Marketing, que las personas que deseaban ayuda para hacer su boda, cumpleaños, evento corporativo no sabían que yo existía y que debía hacer Marketing de una forma totalmente distinta a lo que yo había creído en un principio.

Recuerdo que encontré en Internet una lista con 150 Asesores de Negocios y comencé a investigar a cada persona de la lista para ver si alguno de ellos había creado emprendimientos exitosos y podía ayudarme.

En esa lista encontré a una persona en Colombia que ya había recorrido el camino y que tenía amplia experiencia en Marketing.

Sin dudarlo ese mismo día le contacté y solicité presupuesto por sus servicios, realmente el precio era bastante alto y ya había gastado casi todos mis recursos en los Contratos de Publicidad.

Recuerdo que era mi última carta, los últimos ahorros con los que contaba, y era una decisión difícil invertir en esa Asesoría ya que si no funcionaba, hasta allí llegaría el Negocio porque me había quedado sin dinero.

En el momento en el cual realicé el pago coloqué todos mis deseos en manos de Dios, me comprometí a dar el 100 por ciento en implementar todo lo aprendido y no descansar hasta levantar mi Negocio.

La Asesoría fue muy buena, recuerdo que yo me dedicaba a implementar todo lo aprendido sin descanso, algunos días comenzaba a las 6 am y no me separaba del computador hasta las 2 am.

Para mí no existía la opción de regresar atrás, estaba comprometido en aprender a hacer Marketing Digital de forma Profesional, mi mentor me estaba proporcionando todas las herramientas pero de mi dependía la implementación.

En sólo un mes comencé a ver excelentes resultados y en menos de 3 meses estaban llegando personas todos los días buscando mis recomendaciones, los Clientes que siguieron confiando, comenzaron a ver resultados, les enviaba prospectos para sus Negocios todas las semanas, incluso llegaban más personas cada día de las que podíamos atender.

Comenzamos a crecer rápidamente, recibía personas de todo el país, muchos proveedores deseaban pagar su anualidad y ser recomendados, el cambio que dio el Negocio en sólo 3 meses fue impresionante.

¿Que aprendí de esta experiencia?

1) Que nunca debemos renunciar a nuestros sueños, que cuando la noche está más oscura es porque pronto va a amanecer.

En el momento más crítico de mi Negocio, donde parecía que todo se acababa mantuve la fe, trabajé 10 veces más duro y me pude recuperar.

2) Que para llegar más rápido a nuestra meta la forma más inteligente de hacerlo es buscar Asesoría de personas que ya recorrieron el camino que deseamos recorrer.

Es muy simple, ellos ya cometieron los errores y aprendieron de esas experiencias.

Nos van a ahorrar grandes pérdidas en equivocaciones graves que seguramente llegarán si trabajamos con el ensayo y el error.

Este es uno de los aspectos más difíciles de aceptar para muchos Emprendedores y Empresarios, creemos que nadie va a conocer mejor nuestro negocio porque es nuestra "creación".

Y no se trata de que un Asesor conozca mejor nuestro negocio lo que si va a conocer mejor es la forma de hacer negocios en general y esa experiencia práctica que ellos tienen se la vamos a inyectar directamente a nuestra empresa.

Hoy en día agradezco haber recibido aquella Asesoría tan valiosa y haber aprendido tanto de ella.

Desde ese momento me apasioné por el Marketing, ya no sólo lo estudiaba para implementarlo en mi negocio, sino que se convirtió en mi tema favorito.

Ahora me dedico a ayudar a otros Emprendedores y Empresarios para que logren hacer crecer sus Negocios así como una vez un Gran Asesor lo hizo conmigo. (La información la puede encontrar en mi página web www.pabloantonioleon.com)

PASAR A LA ACCIÓN

La quinta clave es Pasar a la Acción, dar el salto, sencillamente hacerlo.

Aunque no lo parezca, una de las cosas más difíciles es llevar a cabo nuestras ideas y desarrollar nuestro emprendimiento.

Muchas personas tienen claro a que se quieren dedicar, tienen ideas de Negocio, han leído libros, han escuchado casos de éxito, pero siguen sintiendo que aún no están preparadas para dar el paso, que aún les falta mucho por aprender.

Esto es similar a lo que le sucede a muchos jóvenes una vez se gradúan en la Universidad y deben salir al mundo laboral, muchas veces quieren hacer un diplomado, un postgrado o sencillamente más y más cursos antes de comenzar con su primer empleo, el prepararse no está mal, lo que sí lo está es posponer y posponer esperando el momento perfecto, es una forma de disimular lo que realmente sucede y es que tienen MIEDO a fracasar, MIEDO a hacer las cosas mal.

En este punto quiero ser muy sincero con usted:

Ese miedo a equivocarse es lógico, porque es muy probable que las cosas le salgan mal al principio, que cometa errores.

Usted puede estar pensando:

¿Bueno Pablo pero no se supone que usted me debe motivar para que yo lo intente?

Si, así es, por eso precisamente se lo hago saber, si se va a equivocar, si va a cometer algunos errores, **pero igualmente HAGALO, tome acción hoy mismo, porque es la única forma de que pueda dar un Gran Salto en su propio crecimiento.**

Puede leer muchos libros, puede escuchar audios, asistir a Conferencias y va a aprender cosas importantes pero nada se compara con la práctica, con vivir la experiencia.

Le puedo asegurar algo:

Si usted desde hoy toma acción, si comienza a buscar su Triángulo de Poder, a buscar oportunidades de negocio en la solución de problemas tal cual lo vimos anteriormente, a buscar buenos asesores, sólo tiene dos opciones:

Gana o Aprende

Puede tener éxito en su emprendimiento, hacer un Negocio Rentable en su primer intento en ese caso sería GANAR, o si las cosas no le salen del todo bien igualmente está tomando una experiencia valiosísima, está APRENDIENDO y está creciendo.

Algo muy triste es escuchar a algunos amigos, incluso familiares que me plantean buenas ideas, y lógicamente yo los motivo a que lo hagan, a que creen su negocio, pero luego de semanas o meses no han hecho nada.

Cuando les pregunto qué ha pasado, por qué no lo han hecho, lo que manifiestan son EXCUSAS.

Yo quiero invitarle a que desde hoy viva una vida sin excusas, sin justificarse por las cosas que no ha conseguido, a que asuma el cien por ciento de la responsabilidad, no vuelva a culpar al Gobierno, a la Crisis Económica, a su Falta de Tiempo, a su Falta de Dinero, a que entienda que cualquier intento de explicar por qué no ha luchado por sus sueños con todo su esfuerzo y dedicación es simplemente una Excusa, y le invito a repetir esta frase todos los días:

"Las personas exitosas no tenemos excusas, sólo resultados"

Le voy a proponer un método para Pasar a la Acción en el cual no va a tener nada que perder.

Yo creo mucho en la sana competencia, me parece que es necesaria en cualquier mercado, porque nos obliga a ser mejores, incluso dentro de las Empresas u Organizaciones también es necesario que se fomente una competencia limpia, que motive a las personas a dar lo mejor de sí mismas.

En la vida para poder crecer, antes de superar a otras personas, tenemos que superarnos a nosotros mismos, en esta filosofía se basa el Método que le voy a Proponer:

Su Propia Competencia

Desde hoy le va a colocar competencia a su empleo actual, a su Negocio Actual o a lo que se dedique en este momento.

Situación Actual vs Mi Meta Personal

Le cuento mi propia experiencia aplicando este Método:

A finales del año 2009 yo trabajaba en una Empresa bastante importante, una de las Compañías Farmacéuticas más grandes en el Mundo, tenía un buen cargo, con buena remuneración y beneficios pero sentía que quería emprender un Negocio Propio, comenzar mi Empresa.

Desde ese momento me propuse buscar la forma de lograrlo.

Coloqué en práctica la técnica que ya le expliqué: **Un Problema es una Oportunidad.**

Comencé a buscar posibles soluciones a problemas cotidianos y allí surge la idea de crear un Negocio en el cual pudiera ayudar a las personas a organizar sus eventos y obtener un beneficio económico a través del pago de los anunciantes.

En ese momento mi situación era la siguiente:

Tenía un Empleo con buenos beneficios **Vs** Una Meta de crear mi Negocio en la Organización de Eventos a través de Internet

Comienza la Competencia

El Primer Paso fue analizar muy bien cuál era el beneficio económico anual que yo obtenía con mi Empleo.

Allí sumaba no sólo el sueldo y las comisiones promedio sino también todos los beneficios que yo recibía normalmente en un año, de esta forma ya tenía un número, que era el que debía superar para poder renunciar.

En ese empleo yo trabajaba de lunes a viernes desde las 8 a.m. hasta las 7 p.m. (Aunque no tenía un horario fijo, normalmente estaba ocupado dentro de esa franja de tiempo).

Esto es lo primero que le recomiendo determinar:

Su beneficio económico actual y el tiempo que le invierte mes a mes.

Luego de determinarlo, usted va a colocarle la Competencia:

Yo debía lograr en mi Emprendimiento un beneficio económico superior al que generaba en mi Empleo y el tiempo que tenía disponible era de 3 horas diarias de lunes a viernes (desde las 8 pm, después de que llegaba a mi casa y cenaba, hasta las 11 pm) y el día Sábado completo.

Ya tenía una Meta Específica y Medible para luchar por ella:

Tenía que conseguir que mi Emprendimiento superara el beneficio económico total que yo lograba con mi Empleo, cuando eso sucediera, renunciaría y me dedicaría a mi propio negocio.

Comenzó la Carrera

Yo tenía claro que la mejor forma de desarrollar mi Negocio era a través del Internet por las dos razones que anteriormente expliqué:

Bajo Costo y Mayor Alcance

El detalle es que para ese momento yo no contaba con ningún conocimiento en el desarrollo de páginas web, ni de comercio electrónico, por lo tanto busqué a una persona especialista en el tema para que creara la plataforma.

Todas las noches al llegar de mi Empleo me dedicaba a crear las propuestas, a supervisar el desarrollo de la página web, a ubicar a los proveedores, coordinar todas las visitas a los futuros clientes, en resumen a crear mi Negocio Propio.

Era un ritmo muy agotador, trabajar todo el día en mi Empleo para luego llegar a trabajar en la noche en mi Emprendimiento, pero lo hacía con todo el gusto porque tenía una meta clara que deseaba cumplir.

Mientras la Plataforma se creaba, yo organizaba las visitas para los Futuros Clientes, recuerdo que en ese momento los llamaba en las noches y coordinaba todas las visitas para el sábado porque era el único día que tenía disponible en la semana. (Las Jornadas de los Sábados eran muy fuertes, visitando potenciales clientes desde muy temprano hasta la noche, pero es parte del proceso, es un esfuerzo que valió la pena)

Una vez comencé a comercializar los Espacios para mi página web, teniendo clara cuál era mi meta en términos de Ventas para poder renunciar, ya sabía cuál era la cantidad de Clientes que requería:

30 Clientes

Fijamos la fecha del lanzamiento de la página web:

21 de Mayo de 2010

Mi Meta estaba muy clara, antes del 21 de Mayo tenía que lograr 30 Clientes y renunciaría a mi Empleo para dedicarme 100 por ciento a mí Negocio.

El último mes fue el más intenso, trabajaba hasta las 2 a.m. entre semana y también los domingos para poder llegar a la meta.

Cumplí la Meta e incluso la superé, **logré 42 Clientes en sólo 2 meses y aún no había hecho el lanzamiento de la Página**

Pocos días antes del lanzamiento tomé una de las mejores decisiones de mi vida, renunciar a mi Empleo.

Hoy en día analizo aquella decisión y me siento muy orgulloso de haber superado el miedo, haber dejado la zona de confort, creer en mis sueños y ganar aquella **Competencia Sana del Empleo vs Mi Meta**

Desde aquel momento tomé la decisión de ser Empresario y no volver nunca atrás, han pasado los años y es muy satisfactorio haber construido el Estilo de Vida que había soñado y disfrutar plenamente lo que hago día tras día.

Por eso quiero que usted también lo logre, quiero que cada día existan más personas en el mundo que disfruten lo que hacen, que logren cumplir sus metas, que se dediquen a lo que aman hacer y que luego de lograrlo compartan sus experiencias y ayuden a otros a cumplir sus sueños.

CONCLUSIONES

Mi Meta con este Libro es ayudarle a crear el **Mejor Negocio del Mundo** que simplemente es aquel en el cual usted gana dinero disfrutando al máximo lo que hace.

Recuerde que el primer paso es encontrar su **Triángulo de Poder**, a partir de allí comenzar a ubicar Oportunidades de Negocio, luego seguir las Claves del Éxito y Cumplir sus Metas.

Necesitará ser muy Perseverante, ya que en el camino se van a presentar momentos difíciles que al superarlos le harán crecer como Empresario y como Persona.

Ponga su Fe en Dios, encomiende sus deseos a Él que de seguro le ayudará en todo lo que necesite.

No se lamente por el tiempo que ha pasado, no importa lo que dejó de hacer, lo que importa es que desde hoy va a comenzar a construir su futuro.

Si este libro logra despertar en usted la motivación que necesitaba y le sirve como Guía para Emprender un Negocio que le apasione me sentiré muy satisfecho por haber cumplido mi objetivo.

Estoy seguro que su Testimonio sobre mi Libro será de gran Inspiración para muchas personas que también desean construir su negocio y cumplir sus sueños, por lo tanto le invito a colocar su calificación y comentario haciendo click en este enlace:

http://www.elmejornegociodelmundo.com

Mi deseo es que cada día existan más personas felices con su Negocios, con lo que hacen, con lo que le aportan al mundo y espero que este Libro logre ser ese impulso que necesitan para lograrlo.

Recuerde que todos sin excepción tenemos talentos, dones que Dios nos regaló para colocarlos al servicio de los demás.

Si usted se tomó el tiempo de leer este libro, es porque desea algo maravilloso para su vida, porque tiene la disposición y las ganas de lograrlo.

Espero que desde hoy comience a construir un Negocio que le permita disfrutar al máximo, manifestar todo su talento y generar muy buenos ingresos, en ese momento usted habrá creado **el Mejor Negocio del Mundo.**

Made in the USA
San Bernardino, CA
27 April 2018